wiggelied

margriet westervaarder

wiggelied

IN DEKNIPSCHEER

wiggelied
Copyright © 2022 Margriet Westervaarder
Omslagillustratie Margriet Westervaarder
Foto auteur Anja Schuil
Vormgeving Anders Kilian
Eerste uitgave 2022
In de Knipscheer, Postbus 6107, 2001 HC Haarlem
INDEKNIPSCHEER@PLANET.NL
WWW.INDEKNIPSCHEER.COM

ISBN 978 94 93214 75 0   NUR 306

een groot zwaar blok
zwart bekleed met zwart
raak het aan
en het huilt

het heeft zich huid gemaakt
zich naadloos bepleisterd
het wil niet weten
wil zich niet kennen

het gif in de vaten geborgen
stilstaande poel in de maag
achter de ogen dood water

het huis gezeemd, gelucht
de franje
van het vloerkleed gekamd
en rond het tafelblad
met kleine krammetjes
een schrikdraad aangebracht

kijk niet
het beeld zou gaten branden
blijf niet, maar waag het niet
om weg te gaan

de maaltijd staat gereed:
hoe botter het mes
hoe scherper

wat dan
als het van binnen schroeit
brandplekken maakt
de smaak heeft van geblakerd vlees

of ook
als winter je heeft ingelijfd
ijswater in je slokdarm staat
je lippen wit van zwijgen zijn

zoals de vaalgeschopte hond
slaafs liggen blijft
desnoods zelfs kwispelstaart
en kwade handen likt

wat dan
als er een sluitsteen
op je spreken ligt
als je je naam wilt noemen
maar niet weet hoe

de pop is dood
eerst was er dat been
en toen de neus
waarop ze steeds weer viel
de afgeschampte linkerarm
en onverwachts
de blauwe ogen
die naar binnen vielen

de pop is dood

nee nog niet dood
juist dat
doet zoveel pijn

pas op
ze weten het
ze hebben het gehoord
en doorverteld

wind vlaagde het
de huizen in
een spijker sloeg het
aan de muur

ze spellen je naam
dompelen die in donker water
schrijven hem neer
in een veld van as

ze hebben luiken in de vloer gemaakt
verbergen hun kinderen

getrainde honden wachten waakzaam
op je komst

daarna
werd het stil
het bloed
dropte niet meer
de wanhoop
wandelde de tuin in
het vlees
liet gewillig los

er was geen
daarna

alleen het zwarte licht
dat maar niet doofde

alleen maar grijs de lucht
en laag en nat en niets
een zwaar gewicht over het brede land
beesten bewegen niet
in ingeklonken huizen de boeren
hun vrouwen met de dikke armen
hun dochters met stapels linnengoed
voor later
zonen met opgevoerde brommers
schuwe ogen

kale elzen langs de sloot
regen en afgepaste uren

moeder
brei een warm hemd voor mij

lava wordt hard
en men neemt brokken mee
naar huis
voor op de kast waarin
het zilveren bestek

de grote en kleine apart
en twaalf van elk

ik moest hem zien

de eeuwensterke dijk
die alles weren kon
water bij water hield
het land bij overleven
de dijk als blijk van god
hij zal u niet verlaten

maar toen ik zocht
midwinter over akkerland
vorst rond en in de huizen
het dorp zwaar liggend
onder grauwe lucht

vond ik geen dijk
geen kabbeling of wilde stroming
geen kruiend ijs

er was slechts kou

het scheepje onder jezus hoede
had nooit water gezien
en nam mij niet aan boord

hoe de trein aan kwam denderen
en wij probeerden weg te springen
roodgloeiend de rails
windstilte daarna

hoe hoog het vet opspatte in de pan
en wij na het bidden
elkaar een smakelijk eten wensten

hij zei
dat hij toen elders was
getuigen had, bewijzen

geen huidschilfer, geen haar
niets werd gevonden

het bed, de kofferbak
ze waren dadervrij

hij had haar trouwens
nooit ontmoet
niet liefgehad

maar dat hij bleef ontkennen
z'n vuist gebald

juist dat was zo verdacht

de smalle paden van de aarde
zwarte torren, netels
roekeloos geel van bloemen

tweebeenbeest
je legt wilde salie
tussen m'n borsten

van verdwalen
geen weet

verenraper, rafelaar
vreemd rare jongen, eenling
juist daarom

om je scheef geknipte haar
je soevereine lach
je langsmalle handen

je voert me
honingdraden en spinnenwebben
schuim en dadels

je stookt mijn vuren
vult mijn borsten

we houden van dit onbekende
dit sprakeloos vertrouwde

aarde en gruis in ons haar
het schuren van naalden
onder de zwaar hangende dennen

tijdloos
schuift nacht over ons heen
het wassend maanwit dekt ons toe

twee argeloze dieren

je hebt me aangeraakt
zoals maar zelden
je streling aan mijn slaap
je hand onder mijn huid
de beet in onze rug

kerf me
leg alle weefsels open

het schaamrood
neergelegd in ochtendnat

vertel me wie je was
hoe alles kwam
wat al je ogen zagen
vertel me van
het krommen van je zwaard
je sabel, je gevest
je argeloze blik

ik heb het bed bekleed met zij
met fluister en fluweel
met blauwe avond, anemoonmotieven
geheimen geuren in de kussens

kom dan en leg je neer
leg je ontdane huid tegen mij aan
je thuisloos lijf en
je verstoten spreken
streel ons met scherpe randen
en breek
dat ik kan breken
het zwarte water van mijn schoot
het donker meer waarin ik onder dreef

dat wij ons aanzien en herkennen

lichaam van water in de zee

en altijd weer
dat rode daar
het roete van de nacht
de brand onder het naaldenbos

bedwelmd door lindebloem
door bitterzoet gebeten

versnijden wij elkaar
en eten:
vlees en bloed

tussen de kruimels
lig je daar ineens
blote man, ontdaan
van al wat hard leek en ook was

zo weerloos lig je
zo aanraakbaar
dit is het uur van bidden

mijn hoofd gebogen
onze handen gevouwen
staat naast ons het braambos
in brand

ik drink aan je mond
vloei in mij
vloei mij vol
leg al je woorden op mijn buik

witte kom op keukentafel
in haar schoot de roos

slechts tussen dunne regels in
kan ik je horen,
wie kust de bleke lippen
de binnenwaartse blik

je bent een rode striem
een smalle rug
je bijt me met het scherp
van zoet en suikermond

verloren man kijkt in de spiegel
ziet mij

wij houden elkaar heel even
voor eeuwig vast

ik ben zo klein
je kunt me in een zakdoek dragen
vier punten in je hand
en ik lig in mijn wieg

met achteruitse benen
liep je bij mij binnen
en riep: ik ben er niet
stapte op mij
greep onder m'n rokken
je nagel in mijn vlees
gulzig wrede man

innig onthutste man,
als loden lappen zag ik ze vallen
je armen
je mond met zijn staccato
de buitenhuid van je ogen,
je tranen vloeiden uit
over mijn wonden

en in elkaars gebroken lichaam
werden wij heel
herkenden hoe wij ooit
in genesis tezamen lagen
geschapen naar gods beeld

de wolf, het lam

jij glijdt en ik
glij in mij binnen
het zoete bijten kan beginnen

tegen de zwarte vensters
slaat de kou
als ik mij kindklein
in je vouw

het huis zonder dak
het hoofd zonder ogen
heb jij
of heb ik
mij bedrogen

je bent weer aangeschoven
aan m'n lijf
buikelings
ben je in me gezakt

diepe kom
bed van genade

maar je weggaan heerst nog
maar je weggaan raast al
een dolk in het matras

holbewoner
van m'n binnenste lijf
ik raak je nooit meer kwijt

na al die tropenjaren zonder
zag ik je terug
rook ik je terug

m'n nestgeur nog onder
je oksels, je nagels
tot op m'n bot

en ik tuit mijn mond
lok je:
zoete rijst

wierook en mirre
slacht het beste stuk vee

raak me niet kwijt

ik ben alleen maar
jij die mij niet kent
kou voert de boventoon

en ik bega mijn handomdraai
te bleek van binnen
trek ik mijn lach weer aan
en wikkel mij in woorden
doe mee met
wie wat waar

waar alles gaat
zo ongeveer
tel ik de uren
die ik toch nog overleef

er is een vrouw
of stel
ze is er niet

hier waar ik sta
twee voeten
niet van mij

ik heb een lepel om brood te snijden
roest om de kachel te stoken
grint om een muur te bouwen
rode menie voor mijn lippen

ik heb schriften en diploma's
zakdoeken met rozengeur
gezellige vazen
bergschoenen en een waterpas

ik heb carbonpapier
voor liefdesbrieven

en mezelf
een meisje voor dag en nacht

niets niemand
niet gezien niet geweten
niet gevlucht
niet gebleven

op klaarlichte dag
waar iedereen bij was
was iedereen weg

val dan, regen val
en sla de straten stuk
misschien komt iemand dan kijken

de vis
gevangen vis
haak in het zacht gehemelte

nu in een teil
achter ons huis gedaan
in water uit de kraan

vader laat zien
hoe groot en sterk ze zijn
hij en de vis

hij heeft het mes
al op het aanrecht
klaar gelegd

heb je ook zin
in morgen
vraagt hij me

's nachts in mijn bed
hoor ik
een zacht aanhoudend kermen

de vingers
in m'n oren
helpen niet

de tafel met het schaakbord
de man in pullover
het geknoopte kleed, de tinnen asbak

de behoedzame blik
speler en tegenspeler in één
alleen in zijn cocon
is rust

in de wanden de naklank, de voorklank
nog even en de vrouw met het mooie haar
zal weer toeslaan

tot aan de horizon
heerst permafrost
bestoven leegte
schervend ijs
vlijmende wind

geen spaarzaam mos
geen hoog biddende vogel
geen sneeuwhaas op de vlucht

hier huist hij vaak
over de lange vlaktes
heeft hij stenen aangesleept
een hut gebouwd

weg van de mensentaal
geratel van woorden
krakeel van lege zinnen

waar hij ook is
niemand zoekt hem
niemand is hem kwijt

van vaders bloed
maakten we worst
we aten het
terwijl hij keek
we aten het
alleen maar
als hij keek

geen elleboog op tafel
geen onvertogen woord

wanneer begon
de slijptol, het ruwe schuurpapier
wat moest vergeten

lichaam zonder huid
te pijnlijk om te kennen
te naakt om waar te zijn

het varken aan het spit
druipend van vet en geur
niemand zag
dat het vader was

niemand mocht het weten
de vader niet de moeder niet
en zeker het kind
wist niks en nergens van

de kruimeldief had alles opgezogen

hoe wij aan tafel zaten
dicht bijeen
dwars van elkaar
mijn ouders en ik

het tafellaken smetteloos
de goudgerande borden
geslepen messenleggers

in de lepels en vorken
hun gegraveerde letters
verstrengeld, levenslang

maar ook
hoe koude mist
vanuit de hoeken kwam
de vloer bedekte
en ons greep

hoe sprakeloos verwijt
ons luidkeels vulde

onschuld
en schuld
gevouwen binnen één servet

nu al die jaren later
mijn beide ouders dood
zit ik aan dezelfde tafel

beleef opnieuw
ons drie maal daags
en met de klok gelijk

je droeg me al
voordat je schoot me droeg
jij was ons nest
dons uit je eigen lijf

het bruin van je ogen
het rood van mijn bloed

ooit zo bijeen
werd jij mijn grootst verloren liefde

mamma
wat zijn we ons kwijt

wit
zit ze
tussen het wit
van vitrage en muren

haar vaste stoel
schuin bij het raam
met plastic voorjaarsbloei

ze kijkt niet
of er iemand komt
ze weet wie er verdween

hun namen
knarsen in haar mond

de passer
met de scherpe punt
trekt de cirkel
steeds strakker

ze wil niet meer
maar moet

hij wist het niet
wist nauwelijks
deed wel opstaan, aankleden
eten, deed agenda
en afspraken

deed blij met ontmoeting
kussen en lachen
deed zuchten
neus snuiten
schone nagels
plannen maken
deed herinnering

toen
op een dag
was hij verdwenen
kwijt

men zocht hem overal
vond niets

wie verder speurde
raakte zelf verdwaald

kan haast niet meer
lijf bergt niet meer
oud is ze

alle uren ouder
de tijd weegt
in minuten zwaar

alleen nog haar verzet
het mes van nee
staat rechtop in haar mond

hij was ook maar hij
zij was ook maar zij
en ik, hun kind, was ook maar ik

arena voor drie
in een doorzonwoning

geboende stoep
aangeharkt grind
zwart-wit email het huisnummer

men zegt dat op de bodem van de put
resten liggen van een oud skelet
een schedelstuk, een ruggengraat
wat losse delen, ooit een lichaam
met een huid er om

ook fluistert men
dat ik het heb gedaan
dat ik, een kind nog
alle woorden die ik had
bijeen gebald heb tot een vuist
en sloeg
tot brekens
bloedens toe
zijn bloed, het mijne

na lange jaren van niet weten
sta ik aan de rand
en kijk de diepte in
niet alleen hem
maar ook mijzelf
zie ik daar op die bodem terug

ik pak zijn knokelhand
breng hem naar mijn wang
hij krijgt weer ogen, een gezicht
zijn lange lengte en rechte rug

kom hier maar bij me zitten
zegt hij zacht

toen ik drie was
ik weet het niet meer
en niemand ook die het me later zeggen kon
de vijver waar ik plotseling in lag
het witte jurkje als een dobber tussen lelies

niet wetend dat ik hier ooit was
kwam ik er langs vandaag
tussen het troebel en gevlekte water
zag ik haar drijven
een kleine witte bloem
het meisje dat ik was

er was geen haast
we wisten al dat we op weg
naar huis waren gegaan

dat je weer lichaam zou worden
en met die ouwe broek aan
de heg zou knippen

dat we weer rond de tafel
met z'n drie
gewoon weer ruzie
gewoon weer in de driehoek
van gespannen lijnen

in het onmogelijk vertrek
weer samen zouden zijn

piet, pieter
en het vaderwoord
dat ik zo lang niet
in mijn mond kon noemen

dat ik je dwarsheid en je dwingen
zou dreggen
uit het water van de zee

om dan opnieuw
te kijken of het kan
of ik je naam kan zeggen

geen resten van gesprekken
geen woorden
niets ingeslikt
niets doorgekrast
taal laat zich hier niet zien

de zinnen zouden breken
onder hun gewicht
de mond zou branden
het oor zou zich in doofheid sluiten

leg dit verhaal maar weg
begraaf het onder zware klei
onder kaal zand
onder vergeten humuslagen

diep in een grond
die je voorheen niet kende
misschien dat het daar aarde vindt
en troost

dicht bij de kiemen
van distels en netels
wikke en bonte klaver
dicht bij de groei
van het ruig waaiend gras

ik heb er een lap over gelegd
over het metalen zeilbootje
dat altijd stond op het dressoir
over de uitgebeten tafelplekken
de schaal met het bruine barstje
de knopenpot, het stokjesspel
de kom met restjes touw

over het perzisch tafelkleed
hard van de omgevallen melk
de jusplek op de jabomat

de goede moed
de spaarzame woorden
en meer nog wat verzwegen werd

de foto van het kind
het lakentje met de eendjes

ik heb er een lap over gelegd
een rafelige lap
om zacht wat bij te neuriën

de woorden
ze branden in m'n hoofd
maar ik zal ze niet zeggen

ik aai ze, masseer met milde zalf
ik mijd fel licht en spreek hen toe
niet bijten, niet snijden
kom maar, je bent lief

een droom zei me:
geef hen een ereplaats
zorg voor hen als je gast
vraag wat ze lekker vinden:
wil je een plakje cake, een mandarijn, een beker melk

kerf ze niet weg, priem ze niet vast
maar zing hen toe
een kinderlied misschien
en luister of soms onverwacht
hun neurie mee gaat klinken

zoals mijn vader altijd zei
het kan verkieren
buigzaam, boogzaam

vrouw languit achter de voordeur
vrouw opgesloten in brandkast
vrouw verdwijnt in gootsteen
vrouw waait van balkon
vrouw zonder gehemelte heeft wel tanden

in taal kan alles

misschien ben ik deze vrouw
misschien een welvarend koekoeksjong
misschien een visarend boven het bos

misschien heb ik mij verzonnen
misschien ben ik een mus
een badende mus met fladderveertjes

het doodstille vloerkleed
vanuit de plinten
loopt koud sop naar binnen

ergens en nergens
de wissels verlegd
het kind
van de commode gevallen

niet wetend hoe of wat
schikt ze met slungelhanden
haar porseleinen dieren
koopt suikergoed
met hartjes lieveling
en deelt zich uit

hoe alles wat afwezig is
zo onontkoombaar weegt

nadat we alles hadden gedaan
de verzakte vloer, de verwilderde serre
het beschimmelde eten hadden weggegooid
de beerput leeggepompt
een vlag op ons huis gezet
en de wind hadden uitgenodigd
zagen we hoe mooi we waaiden

wij vulden de hoge glazen
zagen dat het goed was

was het de oude geur die bleef
het dwarrelende gruis
of de geluiden die op vroeger leken

nee dat verdroegen we
het was het ongedierte
het zwarte aanvalsleger
dat binnenkwam, krioelde, bleef

en wij die niets of niemand
doden, vertrapten hen
maar sterker nog kwamen ze terug
als duivelszaad
we strooiden witte poeder
het beet in onze longen
het vrat in onze huid

niets hielp
we wisten: dit is onze laatste kans
opnieuw verhuizen
kan niet meer

heersend in zijn
vergane burcht
heeft hij zijn vrouw
tot horige gemaakt

ook als hij niet beweegt
herkent ze zijn bevelen
beschuldiging huist in
zijn stem en in zijn stilte

hij wijst
naar zijn gevallen stok:
geef hier
dat ik je weg kan slaan

zit hij daar grijs
in de kraag van zijn vergeten

niet meer nog
dan wat ijle adervaten
bladnerven rond verdwenen blad
gekreukte huid houdt hem bijeen

hij weet niet meer
weet zich niet meer
het nu en toen
zijn uit hem weg gegleden

water
dat in een diepe bodem zonk
en bijna klaar is
voor een laatst verdrinken

als hij naar buiten kijkt
ziet hij de hoge dennen
hun rechte stam
'een mast' zegt hij
'wat zeldzaam mooi'

wij weten nog
hoe ver hij voer
hoe hoog hij klom

wij weten nog zijn naam
hier noemt men hem meneer

wat te doen
als tijd zich herhaalt
je huid verschroeit
wat als de berm weer vol ligt

opnieuw die man, die mannen
de radeloze afvalberg
de stemmen horen en daarna

de plekken voelen op je rug
je gespalkte botten
geen woorden meer weten

wat anders dan opstaan
je schoenen aan, je veters strikken
steentjes in het water gooien
en niet meer tellen wie verdween

op een zondagmorgen
naar het daglicht buigen
en je kleinzoon omhelzen

zacht gaat ze door het huis
zacht van verdriet
en langzaam kijken
gehuld in haast vergane shawls
vlinder in dunne vleugels

haar handen schuiven tafels vrij
dekken met oud damast
de lelies wit op wit

doorzichtig porselein
en hoe het smaakte, zijn mond

maar niets dat niet breekt
niets is nog van zichzelf
niets is nog waar
alles ligt onder zwarte aarde

tegen de spiegel
zijn verbleekt boeket
geurend als nooit voorheen

wie droeg het grijze veld
achter zijn hoofd
de koffer die met hem meeging
waarheen hij ook reisde

in leegte staand
behalve van wat was
houdt hij haar vast

zoekt met zijn fletse hand
haar huid
met schrale mond
haar borst

en proeft
haar zout en zoet
en het genadig stromen
van de witte melk

de kruimels opgeveegd, elke schilfer verjaagd
geen spin die zich hier wagen durft

papieren, foto's, dagen – alles geordend
beveiligde ramen en grendels
een zachtharige hond om alarm te slaan

zorgvuldige vazen met bloemen
vers water met een druppeltje chloor
geluk op een tegel aan de wand

maar toeval kiest zijn eigen pad

onder het veilig hoge dak
in een futiel bedradinkje
raakte iets los en brak

sloeg door tot in de grond
onder het huis

de tuin in volle bloei
voelde de wortels breken

gebluste adem
kalkwitte muren

rimpelloos water
wind die zich schuil houdt

kom liever bij mij
ik heb mansbrede schouders
voor noodgevallen een zweep
voor armoe een stuk brood

ik heb een trekpop voor je
van een clown
suikerspinnen zoveel je wilt
en fluweelzachte handen

zie je
hoe heel precies
mijn vingers passen
in jouw pijpenkrullen

het kleedt zich in een regenjas
koopt appels, mandarijnen
schudt handen, lacht

het deelt zijn witbrood
met de dieren in de sloot
het houdt van violieren, boerenkruid

als het kucht
zegt het sorry
als het huilt

nee, het huilt niet

het brengt haar naar bed
stopt haar in
neuriet iets zoets

als adem de kamer vult
en niets meer waakzaam is
gaat het naar de verborgen plek

pakt wat daar al zo lang
te wachten ligt
het klein en vinnig mes

het overweegt de tijd
nu of later

wie baarde het kind
het onbevlekte kind

wie baarde
het barrevoets pad
het snijscherp zand

wie waste haar handen
tot de huid
los liet

wie sneed zich open
om het kind weer
in zich terug te leggen

in teruggetrokken tijd
ligt hier de aarde
in een vuist van vorst

spaaks lichaam
hoekse beet
onder de struiken gloeit
een duister vuur

dit is het land
dat in december ligt
wie bang is
durft hier niet te kijken

langs de rand van de sloot
kleurt een dode fazant

onder ijs
drijft de roep van een kind

ze had haar dode kind
op sterk water gezet
in een glazen bokaal
en op tafel geplaatst

ze paste de kamer aan
omfloerst en stemmig, het kleed
de stoelen, het behang, de zacht
gebloemde kopjes, de schaal
met koekjes
amandelspritsjes, petit fours
en bijna nonchalant
wat gemêleerde chocola

het stond in mijn agenda
iedere dinsdag ging ik
bij haar langs, dronken we thee
en keuvelden wat

tussen de schaarse aarde
het aangeharkte grint

ze doet de ramen
de heldere vitrage
thee met het zilveren zeefje
koekjes zonder kruimelen
hangt het afdruiprek waterpas
draagt luchtverfrissers
in de zoom van haar jurk

met een scalpeermes haast
heeft hij een scheiding
in zijn haar getrokken
achter zijn stropdas
zoekt hij veiligheid
en zet de klok
op zichzelf gelijk

haar vrouwenschaal
een lege draagdoek
gevuld met stenen

veel ja en nee
een dubbelspraak
gebrouwen in één mond

hun hoofd heeft hij
met klemmen vastgezet
hij drukt wat knoppen in
en laat hen knikken

met paukenslag
en wijds gejoel
wordt zijn gelijk gevierd

's nachts in zijn slaap
wordt hij belaagd
door loerende insecten
hun angels scherp gespannen

zijn mensen

hij houdt
en haat van hen

zo ben ik nu eenmaal
zei hij

met scherpe tong
sneed hij de voetzool
van zijn zusje weg

zei dat ze trouwens
lelijk was
en met haar vale foto's
en versleten tijd
hem overal en steeds
weer lastig viel

hij wenste haar het beste
het laatste allerbeste

vergrendelde zijn huis
met dubbelloopse sloten

riep door de brievenbus nog
woorden
in haar rug

hij weet niets zeker meer, de vader
en dat wat zeker is
wil hij niet weten
voor het omhoog kan klimmen
in zijn keel
heeft hij het haastig weggeslikt
zijn koffertje van hertenleer
sleets en met ruwe plekken
poetst hij steeds op tot nieuw

zijn zoon
zou bergen temmen
en lenige lianen vinden
hij zou de bronnen kennen
putten slaan
maar nu
de jaren grijs geworden
daagt het de vader
dat beloftes leegte werden

hoe voor de zoon het licht
een angstig vangnet werd
hoe hij verleerd heeft
om zijn veters zelf te strikken
zijn nagels te knippen
hoe hij zijn eigen wonden
niet verzorgen kan
en zelfs de smaak van water
niet verdraagt

met zijn nog altijd blauwe blik
en knokig lijf
gebiedt hij ons te zitten en te zwijgen
dit is zijn huis zijn podium
wij het publiek dat horen zal

haast struikelend
kolkt hij zijn woorden:

wie zet hier steeds de deuren wagenwijd
ontzet de sponningen
laat vriend en vijand binnen sluipen
een virushaard, schimmels, bacillen
hartvocht dat bittert in de keel

zien wij dan niet de gieren
die zogenaamd hun veren poetsen
ze wachten op een kans

wij weten wel dat lang geleden al
zijn lichaam hem bedroog
hoe duivelsvuur zijn balzak binnen kwam
dat hij sindsdien gevaar bespeurt in alles
wat beweegt of wat vreemd stil blijft staan
alles wat op hem loert

wij weten wel maar
weten niet

in zijn betonnen tuin
heeft hij een vijver aangelegd
waarin zij zwemmen mag
te midden van de gouden karpers
en de waterlelies

hij nodigt camera's
met vrienden uit

op hoge handen
draagt hij haar uit het water
en droogt haar af
met blindend witte doeken

als hij haar kust
proeft hij z'n eigen mond
als hij haar in de ogen kijkt
ziet hij zichzelf

ze voelt dat ongemerkt
haar rug wat kromt
maar houdt zich vast
aan haar vertrouwde lach

ze heeft haar plaats veroverd
tussen de bekers
in zijn prijzenkast

een nachtlang laten trekken
in stevig sop
een scheutje chloor er bij

het hielp, ze bleekten weg
de vlekken en de kringen
het ingevreten grauw verdween

het tafellaken werd weer
stralend wit
damast met ingeweven bloei
klaar voor een nieuw begin

we schoven aan
verwachtingsvol

maar ongemerkt haast kropen
larven uit de oude vlekken
vleeswormigen
zoals die in kadavers groeien
die zich verspreidden
rond de opgedekte schalen

gelukkig waren wij getraind
we riepen opgewekt
hoe fijn het was
dit samenzijn
en ook hoe wat gebeurd was
niets met ons
te maken had

ze liet haar tuin betegelen met hoogpolig gras
perken aanleggen met zijden doorbloeiers
regelde zon met verstelbare schaduw

verhing zich daarna elegant
aan de zojuist geplante ceder

waste zich in ezelinnenmelk
balsemde zich
baarde zich op in een marmeren kist

sprak tijdens de rouwplechtigheid
de menigte
troostend toe

breng het mijn huis maar in
schep het mijn klare kamer in
over het vloerkleed en de stoelen
de schemerlampen
en het tikken van de klok

schudt ze maar leeg
de halfvergane grijze zakken
kapot gepikt
tot schaamteloze resten

de scherven en het gruis
verscheurde brieven, fotosnippers
oneetbaar brood
beschimmeld van het wachten

draag het de trappen op
en stort het in mijn bed
doordrenk desnoods
de smetteloze lakens

beter dan dat het weggegooid
zo buiten ligt
en ik hier binnen onaanraakbaar wit
zit tussen levenloos behang

het scherpsteen pad, het distelveld
de wang die werd geslagen
en ook sloeg
alles wat weg moest en vergeten
vraag ik terug

om thuis te komen

het was geen zoeken
wat me hierheen bracht
het was weer vinden
wat ik eerder vond

het blonde meisje
in haar wit gehaakte jurkje
dat lange jaren
zoveel zwaarte
van haar huis zou dragen

nu grijs en witter nog ben ik
terug bij de omzoomde vijver
waar sterke wortels
naar de diepte reiken

in stille spiegeling
zie ik het meisje staan
ze kijkt me tijdloos
onbekommerd aan

inhoud

een groot zwaar blok 5
het huis gezeemd, gelucht 6
wat dan 7
de pop is dood 8
pas op 9
daarna 10
alleen maar grijs de lucht 11
lava wordt hard 12
ik moest hem zien 13
hoe de trein aan kwam denderen 14
hij zei 15
de smalle paden van de aarde 16
verenraper, rafelaar 17
je hebt me aangeraakt 18
vertel me wie je was 19
en altijd weer 20
tussen de kruimels 21
ik drink aan je mond 22
slechts tussen dunne regels in 23
ik ben zo klein 24
met achteruitse benen 25
jij glijdt en ik 26
je bent weer aangeschoven 27
holbewoner 28
ik ben alleen maar 29
er is een vrouw 30
ik heb een lepel 31
niets niemand 32
de vis 33
de tafel met het schaakbord 34
tot aan de horizon 35
van vaders bloed 36
geen elleboog op tafel 37
niemand mocht het weten 38

hoe wij aan tafel zaten 39
je droeg me al 40
wit zit ze 41
hij wist het niet 42
kan haast niet meer 43
hij was ook maar hij 44
men zegt dat op de bodem van de put 45
toen ik drie was 46
dat je weer lichaam zou worden 47
geen resten van gesprekken 48
ik heb er een lap over gelegd 49
de woorden 50
zoals mijn vader altijd zei 51
het doodstille vloerkleed 52
nadat we alles hadden gedaan 53
heersend in zijn 54
zit hij daar grijs 55
wat te doen 56
zacht gaat ze door het huis 57
wie droeg het grijze veld 58
de kruimels opgeveegd 59
gebluste adem 60
het kleedt zich in een regenjas 61
wie baarde het kind 62
in teruggetrokken tijd 63
ze had haar dode kind 64
tussen de schaarse aarde 65
veel ja en nee 66
zo ben ik nu eenmaal 67
hij weet niets zeker meer 68
met zijn nog altijd blauwe blik 69
in zijn betonnen tuin 70
een nachtlang laten trekken 71
ze liet haar tuin betegelen 72
breng het mijn huis maar in 73
het was geen zoeken 74